DES

DROITS ET DES DEVOIRS

DE

LA SOCIÉTÉ ENVERS LES OUVRIERS

PAR

UN INDUSTRIEL DU BAS-RHIN.

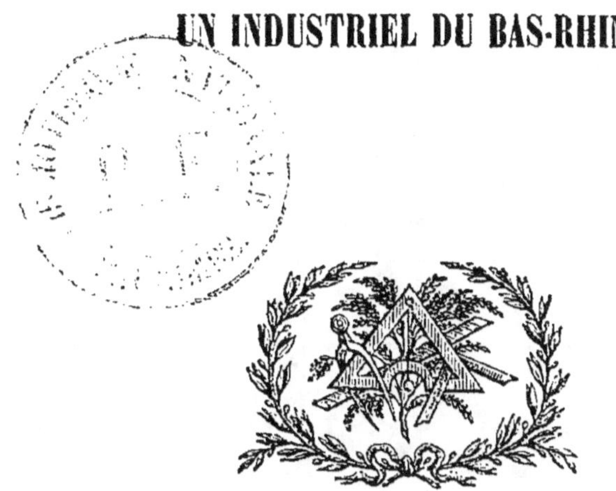

HAGUENAU,
DE L'IMPRIMERIE DE J. C. BRUCKER.
1848.

INTRODUCTION.

L'ère de fraternité que l'avènement de la République a inaugurée parmi nous, doit faire prévaloir le principe que la société s'occupera sans cesse d'augmenter la somme de bien-être dévolue à chacun de ses membres, en lui imposant des devoirs à l'accomplissement desquels elle doit subordonner la jouissance des bienfaits qu'elle accorde.

La moralité et le bien-être des classes pauvres et laborieuses devront particulièrement fixer notre attention.

Nous nous sommes appliqué à rechercher les voies et les moyens de leur être utile sans nuire aux intérêts généraux de la production et de la consommation. Nous désirons que le faible tribut de nos lumières puisse contribuer à la solution de ce grand problème.

La vie du corps facile et suffisante par le travail; la
vie de l'âme large et noble par l'instruction possible pour
tous; telles sont les légitimes demandes des travailleurs,
tel est le problême que nous devons tous chercher à
résoudre.

Les plaies sociales qui existent, proviennent particulièrement d'une distribution vicieuse du travail, poussé
avec trop d'activité en de certains moments, et négligé
complètement en d'autres.

L'activité pour ainsi dire fébrile que l'on imprime
momentanément aux travaux de l'industrie, provoque
périodiquement un trop plein, que nous qualifions du
nom de crise et qui nécessairement réagit sur la production.

Régler la production sur la consommation par des
lois, des réglements, est une chose impossible; détruire
la libre concurrence pour nous ramener aux temps des

maîtrises et des jurandes, est un système vicieux qui ne tarderait pas à porter les plus détestables fruits.

C'est la propriété qui émancipa les esclaves de l'antiquité, les serfs du moyen âge. Elle en fit des citoyens.— Avec des citoyens on referait des serfs. — Triste progrès !

En effet, priver l'homme de son initiative, contraindre son activité à rester dans des limites arbitraires, c'est détruire en lui l'émulation, digne fille de l'intelligence ; c'est le ranger dans la catégorie des machines, lui faire prendre le chemin de la routine ; c'est, en un mot, détruire le principe de toute conception réellement industrielle, de ce principe auquel nous sommes redevables des progrès merveilleux que notre industrie a faits depuis cinquante ans.— Personne ne se méprendra sur les théories auxquelles nous faisons allusion en ce moment, et dont un économiste trop célèbre s'est fait l'apôtre ardent. Quant à nous, nous pensons que l'organisation du travail est une formule vide de sens ; le travail, en effet, n'obtient, au point de vue de l'industrie, de résultats satisfaisants que par la liberté ; il se rétribue par ses œuvres en se faisant justice à lui-même.

C'est par l'émulation, c'est par la concurrence dans ce qu'elle a de loyal que nous sommes arrivés à produire aussi bien, même mieux que nos rivaux, et c'est surtout par la réduction dans les prix que nous avons mis nos produits à la portée des plus modestes ressources.

Que si l'on réussissait à détruire dans un pays la concurrence en même temps que l'émulation, réussirait-on à la paralyser également dans d'autres pays ?

Dans ce cas, comment empêcherait-on la concurrence

que les autres pays feraient à celui-ci ; ces autres pays, où l'industrie avancerait toujours, ne deviendraient-ils pas les fournisseurs de l'univers entier à l'exclusion du pays qui demeurerait stationnaire.

Maintenant, l'industrie de ce pays, réduite à elle-même, trouverait-elle entre ses frontières de quoi entretenir le travail de ses ouvriers?

Évidemment non !

Que deviendraient alors ces ouvriers rendus par la routine incapables même d'aller exercer leur industrie retardataire ailleurs ?

Il est donc impossible d'anéantir la concurrence.

Personne ne songe d'ailleurs à nier qu'à côté de la concurrence honnête, licite, désirable, qui profite à tous, est la concurrence illicite, déloyale, oppressive qui ne produit que le bien de quelques-uns et la misère, la ruine des autres; c'est cette dernière qu'il faut flétrir en la rendant impraticable par une bonne législation sur les marques de fabrique, afin d'assurer désormais le règne de la bonne foi et de la loyauté sur celui du charlatanisme et du mensonge.

Nous le déclarons donc hautement, nous considérons tout projet d'organisation du travail par l'abolition de la concurrence comme portant atteinte à la liberté d'abord, et ensuite comme étant nuisible aux intérêts généraux de la production comme aussi à ceux de la consommation.

C'est l'offre et la demande qui règlent le prix d'un produit quelconque, et la valeur en augmente en proportion de la demande; au contraire une marchandise se déprécie à mesure qu'elle est offerte d'avantage: ce sont des axiomes consacrés par l'expérience.

Plus le produit est recherché, plus il est cher, disons-nous; or, plus il a de valeur, plus le salaire de celui qui le produit est élevé; la cause contraire amène naturellement l'effet contraire.

Du moment donc où un produit baisse de prix, nous pouvons en conclure que la consommation se ralentit ou qu'elle n'est plus en rapport avec la production. C'est donc là le point culminant que chaque industriel devrait saisir en ralentissant immédiatement sa production, afin de ne pas augmenter par la continuité de son travail le trop plein qui tend à se former; provoquer par là un avilissement plus grand encore dans les prix, en jetant la perturbation dans l'équilibre de la production.

Les crises qu'on ne cherche pas à atténuer de suite dans leur début par le ralentissement ou la cessation de toute production, se prolongent indéfiniment et ruinent le producteur, sans résultat avantageux pour le consommateur. Le travail doit être actif quand la consommation est active, se ralentir quand elle se ralentit, s'arrêter quand elle s'arrête.

Mais pour être à même de limiter sa production en temps opportun, sans blesser les sentiments d'humanité et de fraternité qui nous animent tous pour nos ouvriers, il nous faudrait pouvoir les occuper en dehors de nos ateliers; il faudrait pouvoir leur assurer dans des ateliers communaux* une existence analogue à celle que nous leur faisons quitter.

*) Dans les communes où l'ouverture de pareils ateliers créerait des embarras ou des difficultés au travail des industries qui ne seraient pas en souffrance, on remplacerait le travail communal par des secours à domicile, et dans tous les cas il ne faudrait jamais appliquer à ce genre de travaux que le régime de la tâche. L'intervention de la commune ne

Nous arrivons là à la question d'argent, à la question positive de cette partie de notre problème.

Comment, en effet, créer les fonds destinés à solder les travaux de ces ateliers de nouvelle création; comment trouver au moment de la crise les capitaux nécessaires à l'alimentation de ces travaux?

Baser l'existence de notre société sur les liens de la solidarité et de la prévoyance nous paraît sage. — Or, voici comment nous proposerions de régler la création de ce fonds de prévoyance, au moyen d'un impôt qui serait juste, équitable à nos yeux, en ce sens que par sa nature il serait réparti sur la consommation générale du pays et que chacun y contribuerait dans la mesure de ses besoins et de sa fortune.

Nous dirions:

Tout citoyen qui occupera des ouvriers et domestiques des deux sexes, soit aux travaux agricoles et industriels, soit à tout autre genre de travail, à la journée ou à la tâche, sera tenu de verser à la caisse commune la somme de sept centimes par journée de travail et par ouvrier.[*]

Le nombre total des ouvriers français occupés dans

doit avoir pour but que le soulagement et l'emploi des ouvriers inoccupés, sans jamais gêner les travaux privés en leur créant une concurrence funeste, ainsi que cela a eu lieu dans les ateliers nationaux de Paris.

[*] Nous admettons le chiffre de sept centimes, parce que nous le croyons suffisant pour arriver au but que nous proposons; mais si par l'expérience que l'on ferait de notre système l'insuffisance de cet impôt était constatée, il faudrait, à notre avis, ne pas hésiter à le porter au taux nécessaire pour réussir.

Nous ne craignons pas de dire que ce nouvel impôt est celui qui paraîtra le moins dur; il touchera peu le consommateur par son extrême division — partant il sera peu sensible.

Une aggravation d'impôt sur la propriété serait peu en harmonie avec la tendance générale, parfaitement fondée, de favoriser l'agriculture en diminuant ses charges.

l'industrie et à l'agriculture étant d'environ 10,000,000,
en calculant le temps du travail à 300 jours par an,
l'impôt de sept cent. produirait 210,000,000 fr.— Cette
somme serait divisée en deux parties : l'une, de 110
millions, destinée à donner des pensions de retraite à
tous les ouvriers invalides (question que nous traiterons
plus bas), et l'autre de 100 millions, destinée aux ateliers
communaux.

Ainsi que le père de famille prévoyant fait dans les
bonnes années des économies pour suffire aux années
maigres, l'État, le chef de la grande famille, pourrait,
dans des années de prospérité, augmenter la quotité de
l'impôt dit de prévoyance, afin de se trouver au moment
opportun à la tête d'une somme plus forte encore, pour
subvenir au travail de tous les ouvriers sans emploi par
suite de ralentissement dans les travaux industriels.

L'opportunité de cette augmentation serait constatée
par les divers conseils cantonaux dont la création est
mentionnée plus bas. Leurs rapports seraient transmis
à l'assemblée législative, qui aviserait à la création de
cette surtaxe.

La population ouvrière de chaque commune serait re-
levée tous les cinq ans, afin d'en constater le chiffre
et de répartir ainsi proportionnellement entre toutes les
communes la somme nécessaire à l'entretien du travail
des ouvriers sans emploi.*

Chaque commune retirerait donc sa part du fonds
commun dans la proportion de ses apports.

L'impôt dont le Gouvernement a l'intention de frapper les revenus, en
compensation d'autres taxes qu'il abolira, ne serait par conséquent pas à
appliquer à l'usage auquel nous destinons celui que nous proposons.

*) La commune connaît seule ses nécessiteux et peut régler facilement et
avec ordre les secours à leur accorder soit en nature soit en travail.

Les travaux à exécuter dans les temps calamiteux seraient étudiés d'avance avec soin par l'autorité communale compétente.

Les travaux ainsi exécutés seraient déclarés d'utilité générale; dans le cas où des compagnies privées ou l'État auraient des travaux à faire exécuter pour leur compte, on s'entendrait avec eux pour l'entreprise de ces travaux.

Les fonds provenant de cet impôt ne seraient point remis entre les mains de l'État, afin d'empêcher leur immobilisation, ainsi que cela a eu lieu pour les fonds des caisses d'épargnes.

Ces fonds seraient employés en achats de lingots d'or et d'argent que l'on déposerait à la banque, qui pour vivifier ce capital, serait autorisée à créer une circulation de billets en rapport avec la valeur déposée; l'intérêt que la banque aurait à payer serait fixé à 3 0/0, à la condition pour elle de ne jamais prélever plus de 4 0/0 sur ces mêmes fonds.

L'établissement d'une banque nationale destinée à gérer les fonds de prévoyance aurait à nos yeux un but d'utilité générale.

L'impôt de sept cent. prélevé sur les chefs d'industrie, serait par le fait réparti sur la consommation; car il serait admis par eux comme élément dans la constitution du prix de revient, et tous les producteurs se trouvant dans la même position, seraient dans l'impossibilité de se nuire.

Afin de mettre nos produits, soit agricoles soit industriels, à même de lutter contre les produits similaires de l'étranger, et pour ne pas les constituer en perte par l'augmentation, légère cependant, que leur ferait subir l'établissement de cet impôt, l'État serait tenu de leur accorder une prime de sortie, égale au montant de l'impôt dont ils seraient grevés, et dont on exprimerait le taux dans un tarif élaboré avec soin à cet effet.

Cette prime de sortie serait supprimée aussitôt que nos rivaux en industrie auraient appliqué chez eux le même impôt; ce qui ne tarderait sans doute pas à avoir lieu aussitôt qu'ils auraient reconnu les bienfaits de cette institution.

La quotité de cet impôt ne saurait, à notre avis, gêner ou diminuer la consommation intérieure; car l'augmentation qu'elle ferait subir aux produits ne serait que très minime; — d'un autre côté, la somme de cet impôt étant dépensée dans le pays même, activerait d'autant la consommation générale.

En formant ainsi un fonds prélevé sur la consommation du pays telle qu'elle existe, chacun en supporterait sa part dans la mesure de sa consommation, de ses dépenses.

Le travail, soit agricole soit industriel soit communal, ne ferait donc jamais défaut à aucun travailleur, partant l'avilissement partiel dans son salaire ne saurait plus guère se produire, la misère et le besoin seraient taris dans leur source; car la ruine du travailleur date du jour où son gain descend au niveau de sa consommation, et se complique progressivement du moment où l'individu consomme sans produire.

Le principe de la solidarité trouverait sa juste application, et la devise de notre jeune République : « *Vivre en travaillant* » serait réalisée.

Il y a sans doute des difficultés d'application, d'exécution; mais avec le principe de *vouloir* pour *faire*, et de *persévérer* pour *réussir,* nous arriverons sans doute à résoudre ce grand problème social posé aujourd'hui, et qui demande la plus prompte solution, sous peine de perturbations plus grandes encore.

Est-il rien de plus moral qu'une telle association ? Par la raison que l'ouvrier en est l'objet, il acquiert cette tranquillité d'esprit qui double ses forces et lui fait envisager l'avenir avec confiance ; il sait que jamais le travail ne lui fera défaut, qu'une pension de retraite l'attend après les fatigues d'une longue vie, et cet espoir les lui rend plus supportables.

Lorsque arrive pour l'ouvrier le moment d'avoir recours à la caisse commune, c'est avec un sentiment de dignité personnelle, c'est avec une certaine fierté qu'il acceptera des secours qu'il ne doit qu'à son travail, et cette communauté de situation, cet appui indirect provoque chez tous les membres de la société une utile confraternité.

Défendons-nous d'ailleurs d'une illusion, celle de compter sur le travailleur lui même pour se créer les ressources de l'avenir.

Encourageons, récompensons, honorons le travail, mais n'attendons, n'exigeons pas de l'ouvrier une prévoyance et des économies difficiles, sinon impossibles, ou que nous n'obtiendrions qu'aux dépens de sa santé ou de son repos.

En venant au secours des travailleurs, il faut éviter deux écueils : favoriser la paresse en faisant trop, et rendre les secours stériles en faisant trop peu.

Nous avons indiqué plus haut l'établissement d'un impôt de sept centimes par jour et par ouvrier, prélevé sur les chefs d'industrie.

Cet impôt doit, d'après nos calculs, s'élever à 210 millions de francs, que nous proposons de diviser en deux fractions : l'une de 100 millions pour la création et l'alimentation des ateliers communaux, l'autre de 110 millions destinés à fournir des pensions aux invalides civils du travail et des secours temporaires en cas d'urgence.

Voici comment un de nos amis, l'un de plus importants manufacturiers de France,* a proposé de régler cet impôt quant à sa perception et à son emploi pour les caisses de secours.

« Pour assurer l'exactitude des versements de cet impôt, tous les ouvriers indistinctement devront être munis d'un livret délivré par l'autorité, qui porterait un numéro d'ordre et de série, le signalement, les noms et le jour de naissance de l'ouvrier.

« Le maître y inscrirait exactement, au moins tout les trois mois, le nombre des journées de travail qu'il aurait faites soit à la journée soit à la tâche.

« Le receveur des contributions y inscrirait la quittance des versements faits, qui devraient être toujours en rapport exact avec les journées de travail.

« En cas de maladie de l'ouvrier, il ferait certifier, sur son livret par un médecin du lieu, la durée de l'interruption du travail.

« Les congés temporaires ou définitifs donnés à l'ouvrier y seraient motivés.

« Le maître qui occuperait un ouvrier sans que son livret fût en règle, serait obligé de payer l'arriéré au receveur, sans préjudice d'une amende.

« Les duplicatas de ces livrets resteraient entre les

*) M. Charles Seydoux.

mains du receveur, qui en enverrait un extrait à l'administration centrale.

« Le livret serait donc la garantie, la fortune et le repos de l'ouvrier ; sans lui point de travail, sans lui point de pension ; il contiendrait les états de service industriel ou agricole de l'ouvrier, ses services militaires et tous les certificats qui pourraient éclairer l'administration sur sa conduite et ses besoins.

« Le droit à la retraite serait valable à partir du jour où l'incapacité au travail aurait été notoirement reconnue par le jury cantonal dont nous parlerons plus bas.

« La pension de retraite serait réglée d'après le nombre total des journées inscrites.

« Les services militaires compteraient comme temps de travail, ainsi que le temps de maladie, suivant que les certificats et les congés seraient plus ou moins favorables.

« Néanmoins un minimum de pension serait acquis à tout âge à ceux dont l'incapacité au travail aurait été causée par accident ou par maladie contractée pendant la durée du travail.

« Ce minimum serait fixé à 250 fr. par an.

« Ceux qui par leur inconduite auront provoqué leur état d'incapacité au travail, seront déchus du droit à cette pension.

« L'ouvrier serait ainsi récompensé en raison de son travail, de sa bonne conduite, soit par des secours temporaires en cas de malheur, soit par la pension de retraite qui lui serait assurée.

« Il est évident que pendant un certain nombre d'années les pensions ne pourraient être fixées exactement d'après les inscriptions des livrets, puisqu'elles seraient accordées un an après la promulgation de la loi qui assurerait l'exécution du projet ; mais les jurys cantonaux, dont il va être question, étant parfaitement à même d'apprécier et de reconnaître les antécédants et les besoins des ouvriers de leur localité, suppléeraient ainsi aux inscriptions, qui avec le temps serviraient seules de base à l'application du système.

« Tout ouvrier pensionné ne saurait plus être admis au service actif du travail industriel.

« Les ouvriers qui se font aider dans leur travail par d'autres ouvriers qu'ils payent directement, seraient considérés comme maîtres à l'égard de ces derniers, et soumis également au versement des sept centimes.

« Tout ouvrier marié dont la femme ne pourrait travailler à cause des soins à donner à ses enfants et à son ménage, pourrait lui assurer, en cas de veuvage ou d'infirmité, une pension de retraite.

« Pour cela, le mari serait tenu de lui faire prendre un livret d'ouvrier et de verser lui-même, au nom de sa femme, quatre autres centimes par jour de travail, soit 12 fr. par an.

« Quant aux ouvriers isolés ou libres qui ne travaillent que pendant quelques jours, ou même des fractions de jours chez les particuliers, ils seraient tenus au versement de sept centimes par journée de travail. Le livret pour eux serait obligatoire, comme pour tous les autres, et ils seraient tenus de le faire régulariser tous les mois.

« Celui qui occuperait un ouvrier libre dont le livret n'aurait pas été régularisé pendant un mois, serait exposé à payer l'arriéré indépendamment d'une amende.

« L'appréciation des services et la fixation du chiffre de ces pensions pourraient être confiées à des jurys cantonaux composés de deux membres de chaque commune de mille habitants et au-dessous. Ce nombre augmenterait de deux pour chaque mille habitants.

« Ces jurys, nommés à l'élection, seraient composés moitié d'ouvriers, moitié d'industriels et d'agriculteurs.

« Ils se réuniraient au chef-lieu de canton pour examiner toutes les demandes une fois au moins par trimestre.

« Leurs fonctions seraient gratuites; les deux tiers des membres devraient être présents pour valider leurs décisions.

« Les décisions de ces jurys cantonaux seraient soumises à l'approbation du ministre des finances, qui les rendrait exécutoires.

« Les membres des jurys cantonaux seraient tenus, chacun dans sa localité, de s'assurer que chaque ouvrier est muni de son livret et que les versements y sont inscrits régulièrement.

« Ces livrets devraient leur être présentés tous les trois mois.

« D'après ce système, en considérant que le nombre des ouvriers invalides n'atteint pas la proportion de 2 0/0, on voit qu'il serait facile d'assurer l'existence de tous, et cela dans un délai d'un an, et que même on pourrait capitaliser chaque année une partie de cet impôt, qui formerait une réserve pour le temps de calamité et qui pourrait être appliqué à la fondation d'établissements sous le nom d'*Invalides de l'industrie*, où pourraient se retirer les vieux ouvriers et ouvrières sans famille. »

Les mêmes jurys cantonaux dont il est question ci-dessus, seraient appelés à signaler les besoins des travailleurs de leur canton.

En outre de ces fondations de prévoyance, les ouvriers

de chaque localité seraient tenus de former entre eux une caisse mutuelle de secours en cas de maladie, à l'instar de celles qui existent déjà dans beaucoup de localités et qui y produisent les plus favorables résultats.

Ces cotisations se feraient sur le salaire même de l'ouvrier, tandis qu'il est expressément entendu que l'impôt de sept centimes frappe le maître, sans que jamais et dans aucun cas il puisse être imputé sur la rétribution de l'ouvrier.

Telles sont les mesures que nous jugeons favorables au bien-être matériel de l'ouvrier.

Nous arrivons maintenant à la question de la moralisation du travailleur, qui doit être un des plus grands soucis de la société; c'est d'elle que dépend le succès de nos institutions; c'est par les lumières de l'instruction que nous répandrons sur les classes pauvres que nous obtiendrons leur transformation.

Plus le peuple sera éclairé, plus son bien-être sera développé, moins nous aurons besoin de nous armer des rigueurs de la loi pour le contenir.

La misère engendre chez les natures énergiques l'idée du crime; aussitôt que la misère n'existera plus pour personne, les tristes tableaux qui se déroulent devant nos assises deviendront beaucoup plus rares.

Néanmoins le crime ne disparaîtra pas; il restera l'apanage de quelques natures faibles, perverses ou rebelles.

Les lieux de répression, tels que les bagnes et les prisons de force en usage aujourd'hui, sont à notre avis de tristes écoles du crime, où l'homme pervers se pervertit d'avantage encore et où le repentir devient impossible par la difficulté qu'éprouve celui qui est frappé par la loi de rentrer honorablement dans la société.

Ne trouvant que difficilement de l'emploi, le condamné libéré est presque toujours forcé de reprendre le chemin du vice ou du crime, et non-seulement qu'il compromet par là son propre salut, mais encore il encourage, il excite ses entourages à suivre son exemple.

La présence de ces hommes dans les centres manufacturiers a toujours produit les plus détestables résultats ; car, coutumiers du fait, ils trouvent malheureusement trop souvent des ouvriers assez faibles pour prêter l'oreille à leurs coupables suggestions.

De plus, le régime de la communauté créée dans ces établissements constitue pour les travaux qu'on y exécute une économie de main-d'œuvre très préjudiciable au travail libre, qui à nos yeux mérite cependant toute préférence.

Il nous semblerait dès-lors utile de créer pour les peines entraînant plusieurs années de détention ou de réclusion, de vastes colonies régies par des lois spéciales, où l'on déporterait tous ceux qui auraient encouru ces peines, et qui seraient, d'après la nature de leur condamnation, employés à des travaux plus ou moins durs.

Ces colonies essentiellement agricoles se créeraient elles-mêmes par leur travail les ressources nécessaires à leur alimentation, et ouvriraient à la mère-patrie un débouché plus ou moins large de produits manufacturés, en outre que par une exploitation bien entendue, ces colonies pourraient prendre un développement utile et avantageux.

La variété des travaux, et la discipline sévère qui serait observée pendant leur exécution, ramèneraient plus facilement à bien ces hommes égarés ou pervers que le séjour actuel dans les maisons de force et de correction. La réhabilitation qu'ils auraient à cœur d'obtenir par une conduite exemplaire, de plus l'appât d'un intérêt qui leur serait réservé, d'après le mérite des services qu'ils rendraient, seraient de puissants leviers d'amélioration pour eux.

Bref, ce système de pénalité produirait de larges économies dans le budget de l'État, hâterait, à nos yeux, l'amélioration morale des condamnés, et en outre qu'il doterait le pays d'une colonie utile et lucrative, délivrerait le travail libre de la concurrence oppressive du travail des prisons.

Nous venons d'énumérer les devoirs de la société envers ses membres travailleurs. Ceux-ci lui doivent en retour leurs facultés, leur intelligence et leur ferme volonté de se livrer à un travail utile. Nous le reconnaissons avec bonheur, l'immense majorité des ouvriers est animée des meilleurs sentiments, des meilleures intentions. Livrés à leurs propres inspirations, les bons ouvriers sont dignes des plus grands éloges. Le courage, la résignation, la patience ne leur font pas défaut. Mais il en est d'autres parmi eux, qui animés d'intentions moins pures, et qui surtout peu disposés au travail, cherchent à égarer leurs frères.

L'oisiveté, la paresse, et la débauche devraient être bannies de la société, considérées comme délits, et soumis à des peines d'autant plus sévères qu'il y aurait eu récidive.

Nous proposons de créer dans chaque commune, à l'instar des conseils des prud'hommes, un conseil de famille, qui serait appelé à décréter d'accusation devant la justice légale tous les individus accusés d'un de ces trois délits.

La pénalité serait réglée comme suit :

1ᵉʳ degré : Réprimande publique.

2ᵉ   —   Déchéance de la pension de retraite.

3ᵉ   —   Transportation dans une colonie disciplinaire, créée à cet effet sur le territoire de la France.

La société doit toujours chercher à s'épurer, et en retour de sa vive sollicitude pour les intérêts de tous ses membres, elle contracte le droit, le devoir même, d'éloigner de son sein tous ceux qui sont indignes d'y rester.

RÉSUMÉ.

Élever l'homme dès son enfance en créant et en multipliant l'établissement des crèches et des salles d'asile ; lui donner gratuitement un enseignement solide, utile et conforme aux besoins futurs de sa vocation ; imprimer à son âme une direction morale par l'instruction religieuse ; implanter dans son jeune cœur des idées d'ordre, d'économie, de travail et de fraternité ; signaler les capacités et les talents naissants, leur procurer les moyens gratuits de parcourir les degrés supérieurs de l'instruction et faciliter ainsi à tous les jeunes citoyens l'entrée de toutes les carrières, tels sont les devoirs de l'État, chef de la grande famille.

Assurer du travail à chacun ; le rétribuer suffisamment ; honorer, récompenser le travail ; flétrir la paresse et l'inconduite ; réprimer l'oisiveté ; soutenir la vieillesse en lui accordant une pension prélevée sur le travail lui-même; détruire ainsi la mendicité, source de dépravation, tels sont les devoirs de la société, et le plus sûr moyen d'améliorer la position des travailleurs, de leur procurer par l'instruction la vie large et noble de l'âme, par le travail, la vie facile et suffisante du corps.

C'est donner au principe de la fraternité sa plus large application par la solidarité qui existerait entre tous les membres de la grande famille.

C'est accorder satisfaction à tous les vœux et provoquer pour notre République naissante les sympathies universelles.

Donner à chacun sa part du bien que Dieu déverse sur l'humanité, c'est désarmer les mauvaises pensées, c'est enlever aux factions tout prétexte de renversement de l'ordre établi, c'est en un mot former une digue contre laquelle viendrait se briser le flot de toutes les mauvaises passions.